El Asombroso Poder de la Bendición

Richard Brunton

El Asombroso Poder de la Bendición
Publicado por Richard Brunton Ministries
Nueva Zelanda

© 2018 Richard Brunton

ISBN 978-0-473-43790-9 (Softcover)
ISBN 978-0-473-43791-6 (ePUB)
ISBN 978-0-473-43792-3 (Kindle)
ISBN 978-0-473-43793-0 (PDF)

Edición:
Agradecimientos especiales a
Joanne Wiklund y Andrew Killick
Por hacer este libro más fácil de leer que lo que
hubiera sido sin su ayuda.

Producción y composición tipográfica:
Andrew Killick
Castle Publishing Services
www.castlepublishing.co.nz

Diseño de portada:
Paul Smith

Las citas de las Escrituras están tomadas
de La Biblia, versión Reina Valera Actualizada 2015
Copyright © 2015 by Editorial Mundo Hispano
Usado con permiso. Todos los derechos reservados.

TODOS LOS DERECHOS RESERVADOS

Ninguna parte de esta publicación puede ser reproducida,
almacenado en un sistema de recuperación,
o transmitido en cualquier forma o por cualquier medio,
electrónico, mecánico, fotocopias, grabaciones o de otro modo,
sin permiso previo por escrito del editor.

CONTENIDO

Prefacio	5
Introducción	9
Primera Parte: ¿Por qué Bendecir?	**15**
La Intuición	17
El Poder de Nuestra Palabra	21
De Hablar el Bien a la Bendición	24
¿Qué es la Bendición Cristiana?	26
Nuestra Autoridad Espiritual	30
Segunda Parte: ¿Cómo Hacerlo?	**37**
Algunos Principios Importantes	39
Haz de un lenguaje sano un estilo de vida	39
Pregúntale al Espíritu Santo qué decir	39
La bendición como algo distinto a la intercesión	40
No juzgues	41
Un ejemplo para ilustrar	42
Diferentes Situaciones Que Podemos Enfrentar	44
Bendiciendo a los que te maldicen o te desean mal	44

Bendiciendo a aquellos que te lastiman o te rechazan	45
Bendecir a los que te han provocado	48
Bendecir, en Lugar de Maldecirnos	52
Reconociendo y rompiendo las maldiciones	52
Bendiciendo nuestra boca	54
Bendiciendo nuestra mente	55
Bendiciendo nuestros cuerpos	57
Bendecir tu hogar, matrimonio e hijos	62
Una bendición de padre	70
Bendecir a otros a través de la profecía	75
Bendiciendo tu lugar de trabajo	75
Bendición de una comunidad	78
Bendiciendo la tierra	80
Bendiciendo al Señor	81
Una palabra final de un lector	83
Aplicaciones	84
Cómo Convertirse en Cristiano	86

PREFACIO

Te animo a leer este pequeño libro con su poderoso mensaje – ¡Cambiarás!

Fue en un desayuno con Richard Burton cuando compartió conmigo lo que Dios le había revelado acerca del poder de la bendición. Inmediatamente vi el potencial para impactar grandemente la vida de mucha personas.

Filmé su prédica para mostrarla en nuestro próximo retiro para hombres, en nuestra iglesia. Los que participaron de esta actividad descubrieron que era tan buena que quisieron que el resto de la Iglesia la escuchara. La gente comenzó a poner el mensaje en práctica en cada área de sus vidas y pronto escuchamos muchos testimonios increíbles como resultado. Un hombre testificó que su negocio había pasado de "pérdidas a ganancias" en de dos semanas. Otros fueron sanados físicamente cuando comenzaron a bendecir sus cuerpos.

Comenzaron a abrirse otras oportunidades para que este mensaje fuese escuchado. Yo debía hablar en un evento cristiano en Kenia y Uganda, se trataba de un Encuentro de Generales, donde los pastores de la iglesia se reúnen para aprender y renovarse. Richard me acompañó en este viaje y realizó una sesión de bendición. El mensaje caló profundo, reveló vacíos y dolores guardados por mucho tiempo. La mayoría de las personas en la audiencia nunca habían sido bendecidas por sus padres, Richard tomó este papel y los bendijo. Muchos lloraron experimentaron una liberación emocional y espiritual, junto con un cambio inmediato en sus vidas.

Saber cómo bendecir ha impactado mi vida al punto que ahora busco oportunidades para bendecir a los demás en "palabra y obra" – a través de lo que digo y hago. Disfrutarás de este pequeño libro y si lo aplicas a tu vida, tu fecundidad abundará y se desbordará para el Reino de Dios.

Geoff Wiklund
Ministerios Geoff Wiklund,
Presidente, Promise Keepers, Nueva Zelanda

Dios ha bendecido a Richard con la revelación del poder de la bendición cuando se libera a otros. Yo creo que esta es una revelación de Dios para nuestro tiempo.

Dado que Richard vive su mensaje, muestra una autenticidad con la que las personas se relacionan de inmediato.

Esto nos llevó a invitarlo a hablar en todos los eventos de Promise Keepers para hombres. El impacto fue inmensamente poderoso y un cambio de vida para muchos.

"La Bendición" fue un tema que llegó y atrapó los corazones de los hombres en los eventos de Promise Keepers. Hubo una respuesta enormemente positiva a esta importante enseñanza: bendición, invocar la bendición y el poder de "hablar el bien". Muchos de estos hombres realmente nunca habían recibido o dado bendición a otros. Después de escuchar el mensaje de Richard y de leer este libro, ellos recibieron una poderosa bendición y fueron investidos para bendecir a otros en el nombre del Padre, el Hijo y El Espíritu Santo.

Felicito a Richard y recomiendo este libro *El Asombroso Poder de la Bendición* como una manera poderosa de liberar en plenitud la bendición de Dios a nuestras familias, comunidad y nación.

Paul Subritzky
Director Nacional, Promise Keepers, Nueva Zelanda

INTRODUCCIÓN

A todos nos encanta escuchar excelentes noticias – ¡y es incluso mejor cuando tú las das!

Cuando descubrí el valor de dar una bendición, fue como si fuera aquel hombre en la Biblia que descubrió el tesoro escondido en un campo. Compartí con entusiasmo mis pensamientos y experiencias con el pastor Geoff Wiklund y él me pidió que hablara con los hombres de su iglesia en un retiro en Febrero del 2015. Estaban tan impresionados que quisieron que toda la iglesia escuchara el mensaje.

Cuando hablé en la iglesia, sucedió que ese mismo día estaban en la audiencia el pastor Brian France, de Charisma Christian Ministries y Paul Subritzky de Promise Keepers de Nueva Zelanda. Esto significó que al compartir este mensaje congregaciones como Charisma en Nueva Zelanda, Fiyi y también los hombres de Promise Keepers, lo iban a recibir.

Muchos recibieron este mensaje en su corazón y de inmediato comenzaron a ponerlo en práctica con excelentes resultados. Algunos comentaron que nunca antes habían escuchado este aspecto en la enseñanza del Reino de Dios.

El ministerio de la bendición pareció crecer como una bola de nieve. (¿No dice Dios, El dar regalos le abre camino a un hombre?) Hacia finales del año 2015, acompañé al pastor Geoff a Kenia y Uganda donde él predicó a cientos de pastores que asistieron a la reunión de Generales. En este evento anual, donde los delegados buscan inspiración y apoyo, Geoff sintió que mi enseñanza sobre la bendición sería útil para ellos. Y así fue. No solo los pastores, sino también otros oradores de USA, Australia y Sudáfrica sintieron que era un mensaje poderoso y me animaron a hacer algo para llegar a más personas.

No quería construir y mantener un sitio web, ni tampoco escribir y hacer un trabajo en profundidad cuando ya existen otros excelentes. El mensaje de bendición es muy simple y muy fácil de ponerlo en práctica. No quería que su simplicidad se perdiera en la complejidad – de ahí este pequeño libro.

He tomado citas de los libros: *The Power of Blessing* (El poder de la Bendición) de Kerry Kirkwood, *The Grace Outpouring: Becoming a People of Blessing* (La Gracia Desbordante: Llegar a ser Personas de Bendición) de Roy Godwin y Dave Roberts, *The Father's Blessing* (La bendición del padre) de Frank Hammond, y *Miracle and Power of Blessing* (El Milagro y El Poder de la Bendición) de Maurice Berquist. Estoy seguro de que he citado y aprendido de otras personas y otros libros también, pero a lo largo de los años todo se ha fusionado.

Descubrir el poder de la bendición mostrará una nueva forma de vida para cualquiera que lo ponga en práctica. Ahora bendigo a la gente casi todos de los días, creyentes y no creyentes – en cafés, restaurantes, hoteles, salas de espera e incluso en la calle. He bendecido huérfanos, personal del orfanato, una azafata en un avión, huertos, animales, billeteras, negocios y enfermos. He confortado hombres y mujeres que han llorado en mi pecho al proclamar la bendición del padre sobre ellos.

Al hablar con los incrédulos, he encontrado que si digo "¿Puedo bendecir / su negocio / su matrimonio, etc.?" Es menos amenazante que "¿Puedo orar por usted?" De hecho, este simple acercamiento, expresado con cariño, hizo que uno de los miembros de mi familia se acercara a conocer el amor y el poder salvador de Jesucristo, después de años de discusión.

En la mayoría de los casos no soy testigo del resultado final, pero he visto lo suficiente como para saber que la bendición cambia vidas, incluyendo la mía.

Bendecir está en la naturaleza de Dios y como criaturas hechas a Su imagen, también está en nuestro ADN espiritual. El Espíritu Santo está esperando que el pueblo de Dios dé un paso de fe y en la autoridad que Jesucristo conquistó para ellos para transformar sus vidas.

Estoy seguro de que encontrarás este pequeño libro útil. Jesús no nos ha dejado desprotegidos. Proclamar bendiciones en todo tipo de situaciones es una gracia espiritual descuidada que tiene el potencial para cambiar tu mundo.

Que lo disfrutes.
Richard Brunton

PRIMERA PARTE:

Por qué Bendecir?

LA INTUICIÓN

Mi esposa Nicole es de Nueva Caledonia y, por supuesto, eso significaba que necesitaba aprender a hablar francés y pasar un poco de tiempo en su lugar de nacimiento, Numea. Aunque Nueva Caledonia es principalmente un país católico, no pasó mucho tiempo antes de que notara que muchas personas todavía tenían contacto con el "lado oscuro", mientras que también practicaban su religión. No era raro para las personas visitar médiums, clarividentes o *guerisseur* (curanderos) sin entender que en realidad estaban consultando brujería.

Recuerdo a mi esposa llevándome a visitar una joven de unos veinte años de edad, que había sido llevada a uno de estos "curanderos", pero que al poco tiempo después había terminado en un asilo para personas con enfermedades mentales. Como supe que ella era cristiana, ordené a los demonios que habían entrado en ella a irse en el nombre de Jesucristo. Un sacerdote Católico también se unió a nuestra oración y esta chica fue liberada y dada de alta de la institución no mucho después.

Otras personas aunque profesaban su religión Católica exhibían abiertamente estatuas o artefactos de otros dioses. Conocí a una de estas personas, se trataba de un hombre que continuamente sufría de problemas estomacales. Un día le dije que yo creía que si se deshacía ese gran Buda obeso que tenía en el jardín de su casa y que se iluminaba por la noche, sus problemas estomacales se terminarían. Además le dije que todos los demás artefactos que había hasta entonces coleccionado, tenían que irse de la casa. Se resistió diciendo ¿cómo era posible que estas cosas "muertas" podían enfermarlo? Después de algunos meses lo volví a ver y le pregunté cómo estaba su estómago. Un poco avergonzado respondió: "Finalmente tomé tu consejo y me deshice del Buda y de todo lo demás. Mi estómago está bien ahora".

En otra ocasión, me pidieron que fuera a la casa de una mujer con cáncer. Antes de comenzar a orar, sugerí que se deshicieran de las estatuas de Buda de su salón, lo que su esposo hizo inmediatamente. Tan pronto rompí las maldiciones y ordené a los demonios en ella a irse en el nombre de Jesús, ella sintió que un frío se movió por su cuerpo de pies a cabeza.

Entonces, después de estas experiencias, decidí hacer un taller acerca de "maldiciones" a un grupo de oración que mi esposa y yo habíamos comenzado en nuestro apartamento de Numea. La enseñanza se basó en el trabajo realizado por Derek Prince, un famoso profesor de Biblia del siglo XX. Mientras preparaba mi mensaje en francés, supe que la palabra "bendecir" procede del verbo latino bene-dicere que significa "decir bien" mientras que la palabra "maldición procede de "male-dicere" que significa "hablar o decir mal".

Anteriormente, cuando comparaba las maldiciones y las bendiciones, las maldiciones parecían oscuras, pesadas y peligrosas, mientras que las bendiciones parecían bastante ligeras y benignas. Antes también había escuchado acerca de enseñanzas sobre las maldiciones, pero nunca acerca de las bendiciones, lo que probablemente contribuyó a formar mi opinión. Tampoco había escuchado a nadie bendecir a otra persona con verdadera intención e impacto. De hecho, en mi idioma Inglés cuando una persona estornuda se responde "Bless you" que significa "te bendigo" o cuando un cristiano termina una carta o correo electrónico se escribe "Blessings" que significa "bendiciones", más como un hábito que algo intencional.

Más tarde, cuando pensé en estas palabras, "malediction" y "benediction", se me ocurrió que si "hablar el mal" era poderoso, con mayor razón "hablar el bien" debería ser más poderoso y con Dios, mucho más ¡poderoso!

Esta revelación, junto con otras visiones que hablaremos más adelante, me encauzó en este camino de descubrir el poder de bendición.

EL PODER DE NUESTRA PALABRA

No quiero repetir lo que muchos buenos libros han dicho acerca del poder de nuestras palabras, más bien quisiera dar un resumen de lo que yo creo que es importante en este aspecto.

Lo que sabemos:

> *La muerte y la vida están en el poder de la lengua, y los que gustan usarla comerán de su fruto. (Proverbios 18:21)*

Las palabras contienen un tremendo poder, ya sea positivo para construir o negativo para destruir. Cada vez que hablamos e incluso cuando usamos un tono particular, que agrega significado a las palabras, hablamos vida o muerte para aquellos que nos escuchan y para nosotros mismos también. Además, sabemos que:

> ...Porque de la abundancia del corazón habla la boca. El hombre bueno del buen tesoro saca cosas buenas, y el hombre malo del mal tesoro saca cosas malas. (Mateo 12:34-35)

Por lo tanto, desde un corazón crítico habla una lengua crítica; de un corazón arrogante, una lengua juzgadora; de un corazón desagradecido una lengua quejumbrosa; y así sucesivamente.

De manera similar, los corazones lujuriosos cosechan similares frutos. El mundo está lleno de palabras negativas. Los medios las vomitan a diario. La naturaleza humana, siendo lo que es, no tendemos a hablar bien sobre personas o situaciones, parece que nos sale naturalmente. A menudo esperamos hasta que las personas estén muertas para de decir cosas buenas de ellas. Sin embargo, el "buen tesoro" surge de corazones llenos de amor que hablarán con una lengua amable; de corazones pacíficos, una lengua reconciliadora; y así sucesivamente.

La declaración, "y aquellos que la aman, comerán su fruto" sugiere que cosecharemos lo que sembramos, ya sea bueno o malo. En otras palabras, obtendrás lo que dices. ¿Qué te parece?

Esto es cierto para todos los seres humanos, independientemente de que si tienen una creencia cristiana o no. Cristianos y los no cristianos por igual pueden hablar palabras de vida – por ejemplo, cualquiera podría decir: "Hijo, que estupenda la casita que has construido, podrías ser un excelente constructor o un arquitecto algún día, bien hecho." Sin embargo, un cristiano nacido de nuevo tiene un corazón nuevo. La Biblia dice "…nueva criatura es" (2 Corintios 5:17).

Por lo tanto, como cristianos, deberíamos estar hablando más el Bien y menos el Mal. Podemos caer fácilmente en la negatividad si no tenemos cuidado de proteger nuestros corazones y palabras. Una vez que comienzas a pensar conscientemente en esto, te sorprenderá cuán seguido los cristianos, incluso sin darse cuenta, se maldicen a sí mismos y a otros también. Hablaremos de esto más adelante.

DE HABLAR EL BIEN A LA BENDICIÓN: NUESTRO LLAMADO

Como cristianos, con la vida del Señor Jesús fluyendo a través de nosotros, podemos ir más allá de simplemente hablar el bien – podemos hablar e impartir bendiciones sobre las personas o situaciones – y, de hecho, estamos llamados a hacerlo. Quizás la bendición es nuestra gran vocación. Te invito a leer lo siguiente:

> ... *sean todos de un mismo sentir: compasivos, amándose fraternalmente, misericordiosos y humildes. No devuelvan mal por mal ni maldición por maldición sino, por el contrario, bendigan; pues para esto han sido llamados, para que hereden bendición. (1ra de Pedro 3:8-9)*

Estamos llamados a entregar y recibir bendiciones. Lo primero que Dios dijo a Adán y a Eva fue una bendición:

Entonces Dios los bendijo, y Dios les dijo: …"Sean fecundos y multiplíquense. Llenen la tierra; sojúzguenla…" (Génesis 1:28)

Dios los bendijo para que pudieran ser fructíferos. Bendición es un atributo de Dios, ¡esto es lo Él hace! Y, como Dios, y desde Dios, nosotros también tenemos la autoridad y el poder de bendecir a los demás.

Jesús bendijo. Lo último que hizo justo antes de subir al cielo fue bendecir a Sus discípulos:

…Entonces él los llevó fuera hasta Betania y, alzando sus manos, los bendijo. Aconteció que al bendecirlos, se fue de ellos y era llevado arriba al cielo… (Lucas 24:50-51)

Jesús es nuestro modelo a seguir. Él dijo que deberíamos hacer lo mismo que Él hizo, en Su nombre. Estamos diseñados por Dios para bendecir.

¿QUÉ ES LA BENDICIÓN CRISTIANA?

En el Antiguo Testamento, la palabra "bendición" es la Palabra hebrea *barak*. Esto simplemente significa, "hablar la intención de Dios".

En el Nuevo Testamento, la palabra "bendición" es la palabra griega *eulogia*, de la cual obtenemos las palabras "elegía y elogio". Entonces, en la práctica, esto significa "hablar bien de" o "hablar la intención y el favor de Dios" a una persona.

Esta es la definición de bendición que usaré para este libro. Bendecir es decir las intenciones o el favor de Dios sobre alguien o alguna situación.

En su sabiduría, Dios ha decidido, mayoritariamente, limitar su trabajo en la tierra a lo que Él puede lograr a través de su pueblo. Es de esta manera como Él trae Su reino a la tierra. En consecuencia, Él quiere que nosotros bendigamos en Su nombre, por lo que, como cristiano, puedo hablar las intenciones o el favor de Dios acerca alguien o alguna situación en el nombre de Jesús. Si hago esto con fe y amor, entonces tengo el poder del cielo que me respalda, y puedo esperar que Dios se mueva para cambiar las cosas de donde están, a donde Él quiere que estén. Cuando bendigo a alguien intencionalmente, con amor y fe, le estoy permitiendo a Dios activar Sus planes para esa persona.

Por otro lado, alguien puede a propósito, o por lo general inadvertidamente, hablar mal o las intenciones de Satanás sobre alguien, o incluso sobre ellos mismos, permitiendo a las fuerzas demoníacas activar sus planes para esa persona, como robar, matar y destruir. Pero alabado sea el Señor,

> ...porque el que está en ustedes es mayor que el que está en el mundo (1 Juan 4:4).

Bendecir está en el corazón de Dios, de hecho es Su propia esencia. El deseo de bendecir de Dios es sorprendentemente extravagante. Nada puede detenerlo. Él está decidido a bendecir a la humanidad. Su anhelo es que Jesús tenga muchos hermanos y hermanas ¡Esos somos nosotros!

Sin Embargo aunque está en el corazón de Dios bendecir a la humanidad El desea más que nada que su gente se bendiga unos a otros.

Cuando bendecimos en el nombre de Jesús, es el Espíritu Santo quien se hace presente ya que estamos reflejando algo que el Padre está haciendo – estamos diciendo las palabras que el Padre desea que sean dichas. Estoy constantemente maravillado de cuán cierto es esto. Cuando bendigo a alguien, el Espíritu Santo está involucrado, Él toca a la otra persona, amor es liberado y las cosas cambian. A menudo la gente me abraza después, o lloran diciendo: "No sabes qué tan oportuno y poderoso es esto, o "No sabes cuánto necesitaba esto".

Pero aquí hay algo muy importante a tener en cuenta: bendecimos desde un lugar de intimidad con Dios, desde su presencia. Nuestra proximidad espiritual con Dios es lo más importante. Nuestras palabras son sus palabras y están ungidas con su poder para lograr sus intenciones en esa persona o situación. Pero retrocedamos un poco…

NUESTRA AUTORIDAD ESPIRITUAL

En el Antiguo Testamento, la gente se acercaba a los sacerdotes quienes debían interceder y pronunciar bendiciones sobre ellos.

> *…y diles que así bendecirán a los hijos de Israel. Díganles: El S*ᴇñᴏʀ *te bendiga y te guarde. El S*ᴇñᴏʀ *haga resplandecer su rostro sobre ti, y tenga de ti misericordia. El S*ᴇñᴏʀ *levante hacia ti su rostro, y ponga en ti paz. Así invocarán mi nombre sobre los hijos de Israel, y yo los bendeciré. (Números 6:23-27)*

En el Nuevo Testamento, nosotros como cristianos, somos llamados:

> *Pero ustedes son linaje escogido, real sacerdocio, nación santa, pueblo adquirido, para que anun-*

> cien las virtudes de aquel que los ha llamado de
> las tinieblas a su luz admirable. *(1 Pedro 2:9)*

Y Jesús

> ...nos constituyó en un reino, sacerdotes para
> Dios su Padre; a él sea la gloria y el dominio para
> siempre jamás... *(Apocalipsis 1:6)*

Hace algún tiempo, estaba sentado en Ouen Toro, un mirador en Numea, Nueva Caledonia, buscando un mensaje para llevar a un grupo de oración. Sentí que Dios me dijo, "No sabes quién eres." Y luego, algunos meses después: "Si supieras la autoridad que tienes en Cristo Jesús cambiarías el mundo." Ambos mensajes eran para un grupo particular de personas pero, más tarde me di cuenta que también eran para mí.

Creo que es conocido generalmente en los círculos cristianos que hablando directamente a una enfermedad o condición (una "montaña" – Marcos 11:23) y ordenar su sanación es más efectivo que pedirle a Dios que lo haga (Mateo 10:8; Marcos 16:17-18). Esta ha sido ciertamente mi experiencia y también la de muchas otras personas respetadas, activas y exitosas en el ministerio de sanación y liberación. Estoy convencido que Jesús dice, de hecho, "Tu sana a los enfermos (en mi nombre). No es Mi trabajo, es tu trabajo. Hazlo."

Dios quiere sanar y quiere hacerlo a través de nosotros. Dios quiere liberar y quiere hacerlo a través de nosotros.

Dios quiere bendecir y quiere hacerlo a través de nosotros.

Podemos pedirle a Dios que bendiga, o podemos bendecir en nombre de Jesús.

Hace algunos años, recuerdo tomarme el tiempo para irme más temprano a trabajar para bendecir mi negocio. Empecé con, "Dios, bendice a Colmar Brunton. Pero se sentía simplón. Luego cambié, de una manera tímida al principio, desde "Dios bendiga a Colmar Brunton" a:

Colmar Brunton, te bendigo en nombre del Padre, el Hijo y el Espíritu Santo.
Te bendigo en Auckland, te bendigo en Wellington, te bendigo en las regiones del país. Te bendigo en el trabajo y te bendigo en casa. Libero el Reino de Dios en este lugar. Ven Espíritu Santo, eres bienvenido aquí. Libero amor, alegría, paz, paciencia, amabilidad, bondad, dulzura, fidelidad, auto control y unidad. En el nombre de Jesús, libero ideas del Reino de Dios que ayudaran a nuestros clientes a tener éxito y hacer del mundo un lugar mejor. Libero el favor en el mercado de clientes. Libero el favor en el mercado laboral. Bendigo nuestra visión: "Mejores Empresas, un Mundo Mejor". En el nombre de Jesús, amén.

Como me sentía guiado, hacía una señal de la cruz en nuestra entrada y aplicar espiritualmente la protección de la sangre de Jesús sobre nuestro negocio.

Desde el momento en que cambié de "Dios bendiga a Colmar Brunton" a "bendigo a Colmar Brunton en nombre del Padre, el Hijo y el Espíritu Santo", la unción de Dios cayó sobre mí, estaba sintiendo el placer y el respaldo de Dios. Era como si Él dijera: "Lo entendiste hijo; eso es lo que quiero que hagas". A pesar de que he hecho esto cientos de veces, siempre he sentido el placer de Dios. ¿Y los resultados? La atmósfera en la oficina cambió y cambió rápidamente, hasta el punto en que las personas comenzaron a hablar abiertamente de ello y a preguntarse por qué las cosas estaban tan diferentes. ¡Fue asombroso! La bendición realmente puede cambiar nuestro mundo.

Pero no me detuve allí. Por la mañana, cuando aún nadie llegaba a la oficina, iba a la silla de alguien que necesitaba sabiduría en una situación en particular y le bendecía imponiendo mis manos sobre la silla, creyendo que la unción, para lograr la bendición, pasaría a la tela de la silla y así sobre la persona que se sentara sobre ella (Hechos 19:12). Cuando me enteraba de una necesidad específica que enfrentaba una persona, esta era la manera en que le bendecía.

Recuerdo particularmente a una persona que blasfemaba habitualmente, es decir, usaba el nombre de Dios como una vulgaridad. Una mañana puse las manos en su silla, atando el espíritu de blasfemia, en el nombre de Jesús. Tomó varias veces, pero finalmente el espíritu maligno que estaba detrás de esto tuvo que doblar la rodilla a un mayor poder y la blasfemia desapareció del vocabulario de este hombre en el trabajo.

También recuerdo a un hombre que vino a mí para orar. Él quería que Dios lo sacara de su lugar de trabajo porque todos allí blasfemaban. Yo lo vi de otra manera: este hombre estaba allí para bendecir su lugar de trabajo y cambiar la atmósfera. ¡Podemos cambiar el mundo que nos rodea!

He llegado a la conclusión de que, si bien Dios desea bendecir a la humanidad, Él desea aún más, que nosotros (Su pueblo, Sus hijos), bendigamos a la humanidad. Tienes autoridad espiritual. ¡Tú bendices!

Nuestro Padre Celestial desea que participemos y que colaboremos con Él en Su obra redentora. Podemos bendecir a la humanidad con la sanación y la liberación, pero también podemos bendecir a la humanidad con nuestras palabras. Somos las personas que Dios utiliza para bendecir al mundo. ¡Qué privilegio y que responsabilidad!

Entonces, para mí, la bendición es hablar acerca de los propósitos de Dios en las vidas de las personas o situaciones con amor, entendimiento, intencionalmente, con autoridad y poder, desde de nuestro Espíritu lleno del Espíritu Santo. En pocas palabras, la bendición es actuar en fe declarando la intención de Dios para la persona o situación. Cuando declaramos la intención de Dios, liberamos su capacidad de cambiar las cosas de donde están hacia donde Él quiere que estén. Y recuerda: somos bendecidos porque bendecimos.

SEGUNDA PARTE:

Cómo Hacerlo?

ALGUNOS PRINCIPIOS IMPORTANTES

Haz de un lenguaje sano un estilo de vida

> *De la misma boca salen bendición y maldición. No puede ser, hermanos míos, que estas cosas sean así. (Santiago 3:10, NLB)*

> *…Si evitas hablar en vano, y hablas lo que en verdad vale, tú serás mi portavoz… (Jeremías 15:19b)*

Si quieres hablar las intenciones de Dios para las personas, entonces debes evitar hablar palabras inútiles, o peor que inútiles.

Pregúntale al Espíritu Santo qué decir

Mueve tu espíritu (a través de la adoración o hablando en lenguas). Pídele al Espíritu Santo que te permita sentir El amor del padre por la persona que quieres bendecir. Ora algo como esto:

> *Padre, ¿qué deseas que se diga? Por favor dame una palabra de bendición para esta persona ¿Cómo puedo alentarle o consolarle?*

La bendición como algo distinto a la intercesión
La mayoría de las personas descubre que es bastante difícil aprender a hablar bendiciones. Invariablemente comienzan a "interceder", pidiéndole al Padre que bendiga. Aunque esto es algo bueno, una bendición hablada de esta manera es en realidad una oración, y es importante conocer la diferencia. Hablar o declarar bendiciones no reemplaza la oración ni la intercesión, pero es un complemento para ellos, deben ser encontrados regularmente juntos.

Los autores Roy Godwin y Dave Roberts en su libro *The Grace Outpouring* exponen esto muy bien:

> *Cuando bendecimos, miramos a la persona a los ojos (si esa es la situación) y hablamos direc-*

tamente a él o ella. Por ejemplo, podemos decir algo como, "Yo te bendigo en el nombre del Señor, que la gracia del Señor Jesús caiga sobre ti. Yo te bendigo en Su nombre para que el amor del Padre pueda rodearte y llenarte; que puedas saber en tu ser más profundo cuán completamente y totalmente Él te acepta y se regocija por ti."

Observa el pronombre personal "yo". Soy yo quien está declarando bendición en el nombre de Jesús sobre la persona directamente. No he rezado a Dios por una bendición, si no que he dicho una bendición usando la autoridad que Jesús nos da para decir una bendición sobre las personas para que Él pueda venir y bendecirlos.

No juzgues

No juzgues si alguien merece o no una bendición. La verdadera bendición, pronunciada sobre alguien o algo, describe la forma en que Dios los ve. Dios no se concentra en cómo pueden parecer en este momento, sino más bien como se supone que deben ser.

Por ejemplo, Dios llamó a Gedeón *"oh, valiente guerrero..."* (Jueces 6:12) cuando él era un insignificante hombre, y a Pedro *"Roca"* (Mateo 16:18) antes de que tuviera los hombros para llevar a otras personas con él. Más aún, leemos: *"Dios ... quien vivifica a los muertos y llama a las cosas que no existen como si existieran".* (Romanos 4:17). Si entendemos esto, eliminará nuestra tendencia a actuar como "jueces" si alguien merece o no una bendición.

Mientras menos una persona se merece una bendición, es cuando más la necesita. Quienes bendicen a personas que no se lo merecen, reciben mayor bendición a cambio.

Un ejemplo para ilustrar
Imagina que hay un hombre llamado Fred que tiene un problema con la bebida. La esposa de Fred no está feliz con él, así que quizás ella ora algo como: *"Dios bendice a Fred, haz que deje de bebida y me escuche."* Pero sería mucho más poderoso decir algo como:

Fred, te bendigo en el nombre de Jesús. Que los

planes de Dios para que tu vida se cumplan. Que te conviertas en el hombre, esposo y padre que Dios se propuso para ti. Te bendigo con liberación de tu adicción. Yo te bendigo con la paz de Cristo.

La primera bendición delega el problema a Dios. No requiere esfuerzo, es floja. También juzga, menosprecia, y se centra en los pecados de Fred.

La segunda bendición requiere más razonamiento y más amor. No juzga y se centra en el potencial de Fred en lugar de su estado actual. Recientemente escuché a alguien decir que Satanás conoce nuestro nombre y potencial pero nos llama por nuestro pecado, mientras que Dios conoce nuestro pecado, pero nos llama por nuestro verdadero nombre y potencial. La segunda bendición está más de acuerdo con los planes y propósitos de Dios, refleja el corazón redentor de Dios. Recuerda, Dios ama a Fred.

DIFERENTES SITUACIONES QUE PODEMOS ENFRENTAR

Soy un estudioso de la bendición. Cuando comencé, no sabía cómo bendecir y no encontré mucho material en que apoyarme. Rápidamente comencé a darme cuenta de que hay muchos tipos de situaciones diferentes, así que quiero ofrecerte las siguientes sugerencias. Puedes adaptarlas a las necesidades de tu situación en particular, y de acuerdo a lo que tú crees que el Espíritu Santo quiere que digas. Esto requerirá práctica, pero vale la pena.

Bendiciendo a los que te maldicen o te desean mal
Hace muchos años, una empleada que había renunciado recientemente, vino a mi casa a tomar un café y para decir adiós. Sus creencias estaban puestas en la filosofía "New Age" o Nueva Era – la "diosa interna" y similares. Durante la conversación, ella dijo que las dos últimas compañías en las que ella había traba-

jado, y que dejó, se habían ido a la quiebra. Yo no había sido cristiano por mucho tiempo a esa fecha, pero aún así reconocí en sus palabras y mirada la intención de maldición. Sentí miedo por unos segundos y luego, en mi mente, me negué a aceptarlo. Pero no di el paso extra de bendecirla. Después de pedirle permiso para orar lo que estaba en mi corazón, le pude haber dicho algo como:

Deborah (no es su nombre real), ato la influencia la brujería en tu vida. Te bendigo en el nombre de Jesús. Declaro la bondad de Dios sobre ti. Que las intenciones de Dios caigan sobre ti... bendigo tus dones, para que bendigan a tu futuro empleador y traiga gloria a Dios. Y que te conviertas en la maravillosa mujer de Dios que Él desea que tú seas. En el nombre de Jesús, amén.

Bendiciendo a aquellos que te lastiman o te rechazan

Una vez oré por una mujer que estaba pasando por problemas emocionales y financieros luego que su marido la había abandonado. Le pregunté si ella podría perdonarlo. Bueno, eso fue difícil pero, ella pudo hacerlo. Entonces le pregunté si ella podría bendecir a su esposo. Ella estaba un poco sorprendida, pero dispuesta a tratar. Aunque su esposo no estaba presente, la guie con la siguiente oración:

Te bendigo, esposo mío. Que todos los planes de Dios para tu vida y nuestro matrimonio lleguen a buen término. Que te conviertas en el hombre, el esposo y el padre que Dios tiene planeado que seas. Que la gracia y favor de Dios estén contigo. En el nombre de Jesús, amén.

Fue incómodo al comienzo, pero luego sintió el corazón del Padre y la unción de Dios cayó. Ambos lloramos mientras el Espíritu Santo le ministraba y, creo que a su marido también. Los caminos de Dios no son nuestros caminos.

Bendecir en este tipo de situaciones es tan heroico, incluso majestuoso, al estilo de Cristo.

La bendición de los que no lo merecen está en el corazón de Dios, por así decirlo es su especialidad.

Considera al ladrón que fue crucificado junto a Jesús, o la mujer sorprendida en adulterio. ¿Y tú y yo? La bendición es "espiritual" y no obedece al sentido común, no es algo que las personas en situaciones dolorosas sienten inclinados a hacer en forma natural.

Pero es la manera de Dios trabaja: puede sanar al que hace la bendición, así como también a su receptor. Se termina el flujo tóxico de la amargura, la venganza, el resentimiento y la ira, lo que de otra forma podría dañar tu cuerpo y acortar tu vida.

He aquí un correo electrónico que recibí recientemente de Denis:

> *Hace unos tres meses estaba hablando con mi hermano por teléfono, no nos comunicamos muy seguido, él vive y trabaja en otra ciudad.*
>
> *Cuando estábamos a punto de terminar nuestra charla amistosa, le pregunté si me permitiría bendecir el negocio que él y su esposa administran. Él no respondió bien. Él fue muy grosero y dijo algunas cosas que realmente me molesta-*

ron y me pregunte si nuestra relación se había dañado permanentemente. Sin embargo, en los días y semanas que siguieron, a medida que iba hacia mi vida normal, empecé a utilizar los principios del increíble poder de la bendición para hablar el favor de Dios sobre el negocio de mi hermano. A veces lo hice dos a tres veces al día. Luego, tres meses más tarde, el día antes de Navidad, mi hermano me llamó como si nada hubiera sucedido. Me sorprendió bastante su actitud muy amable, no había resentimiento entre nosotros en absoluto.

El impresionante poder de bendición de las circunstancias fuera de nuestro control funciona de verdad... ¡Alabado sea el Señor!

Bendecir a los que te han provocado

Una de las cosas más irritantes, para algunos de nosotros, es cuando la gente comete actos egoístas inconsiderados o incluso tramposos en el tráfico. Pasa todo el tiempo. Palabras no cristianas pueden venir a la mente y salir de nuestras bocas en un instante. Cuando esto sucede, estamos maldiciendo a alguien que fue hecho por Dios y a quien Dios ama. Dios puede muy bien defender esa persona.

La próxima vez que esto suceda, trata de bendecir al otro conductor, en lugar de hablar palabras de enojo:

Bendigo a ese joven que se hizo trampa y que se cruzó en frente de mi (saltándose la fila). Señor, declaro Tu amor, libero a tu bondad y todas Tus intenciones para su vida. Bendigo a este hombre e invoco su potencial. Que pueda conseguir llegar a salvo a casa y ser una bendición para su familia. En el nombre de Jesús, amén.

O menos formalmente:

Padre, Bendigo al conductor de ese automóvil, en el nombre de Jesús. ¡Qué Tu amor lo persiga y lo alcance y lo atrape!

Uno de mis lectores hizo una observación interesante:

Lo que he notado es que la bendición me ha

> *cambiado. No puedo bendecir a la gente que me ha irritado y después hablar o incluso pensar cosas malas sobre ellos. Eso estaría mal, en vez de esto estoy esperando buenos resultados de la bendición… – Jillian*

Una vez tuve un amigo llamado Juan que me invitó a orar por una disputa familiar en relación con una herencia. La disputa se estaba alargando y se estaba volviendo cada vez más desagradable. Le sugerí que en lugar de orar, bendijéramos la situación.

> *Bendecimos esta situación de disputa de herencia en el nombre de Jesús. Atacamos la división, la disputa y la contienda y liberamos la justicia y la equidad y la reconciliación. A medida que bendecimos esta situación, ponemos a un lado nuestros propios pensamientos y deseos y dejamos a Dios activar Sus propósitos para la división de la herencia, En el nombre de Jesús, amén.*

Dentro de un par de días el asunto se resolvió amistosamente.

Me encantó lo que otro de mis lectores me dijo:

Me ha sorprendido la rápida respuesta que he visto al bendecir a otros. Es como si el Señor estuviera listo para lanzarse en amor hacia las personas cuando nosotros entregamos las oraciones de bendición en ellas. – Pastor Darin Olson, Junction City, Iglesia Nazareno Oregon

Bendecir puede realmente cambiar nuestro mundo.

BENDECIR, EN LUGAR DE MALDECIRNOS

Reconociendo y rompiendo las maldiciones
¿Qué tan comunes son estos pensamientos : "Soy fea, soy tonto, soy torpe, soy lento, no le gusto a nadie, Dios nunca me podría utilizar, soy un pecador…"? Son tantas las mentiras que Satanás nos hace creer.

Tengo un amigo que hace esto todo el tiempo, me entristece "Rosa (no es su nombre real), eres una torpe. De nuevo te equivocaste. No puedes hacer nada bien…"

¡No repitas o aceptes estas maldiciones! En su lugar, bendícete a ti mismo.

Recuerdo en particular una situación en un grupo de oración. Allí discerní un espíritu de falta de valoración en una señora. En el transcurso de la oración, ella dijo, "Soy tonta". Le pregunté dónde había oído eso. Ella me dijo que sus padres se lo habían dicho. Qué triste ... y qué común. La guié en estas líneas:

En el nombre de Jesús, perdono a mis padres. Me perdono a mí misma. Rompo las palabras de mis padres y las palabras que dije a mi misma. Tengo la mente de Cristo. Soy inteligente.

Echamos inmediatamente los espíritus de rechazo y falta de valoración, y luego le bendije y declaré sobre ella que era princesa de Dios, que era valiosa para Él, que Dios iba a usarla para bendecir, para traer la sanación emocional y la esperanza a otros. Le bendije con valentía.

Poco a poco ella absorbió esta bendición. Comenzó a brillar. A la semana siguiente me contó cuán bien le había hecho a ella. Realmente podemos cambiar nuestro mundo.

Cualquier persona puede hacer esto. La Biblia está llena de las intenciones de Dios para las personas y podemos declararlas sobre ellos.

Me gustaría compartir otro ejemplo. Recientemente, oré por una dama que tenía dolor de estómago. Mientras oraba, el Espíritu Santo cayó sobre ella, su cuerpo se dobló mientras los demonios salían de ella. Todo fue bien durante unos días y luego el dolor volvió. "¿Por qué, Señor?" ella preguntó. Ella sintió al Espíritu Santo que le hizo recordar algo que había pasado hace poco: Mientras ella asistía a un retiro, alguien le había dicho que tenía que asegurarse de cocinar el pollo correctamente o las personas se iban a enfermar. Ella respondió que no quería estar enferma durante los próximos días (la duración del retiro), pero que después de eso no importaría. Tenía que romper el poder de esas palabras descuidadas. Luego inmediatamente recuperó su salud.

Bendiciendo nuestra boca

Bendigo mi boca para expresar lo que es precioso y no lo que no sirve para nada, y ser como la boca del Señor. (Basado en Jeremías 15:19)

Muchos de los milagros de Jesús se cumplieron tan

sólo hablando. Por ejemplo, *"Vete, tu hijo vive"* (Juan 4:50). Yo quiero esto. Por eso bendigo mi boca y protejo lo que sale de ella.

En una oportunidad mi esposa y yo alojábamos en un hotel en la ciudad de Numea. Durante la noche pudimos escuchar el llanto de un bebé que prácticamente no paró. Después de un par de noches de esto, mi mujer se fue a la terraza contigua y preguntó a la madre que le pasaba al bebé. La mujer no sabía que sucedía, pero dijo que el médico le había recetado una gran cantidad de antibióticos, que ya era la tercera vez pero nada funcionaba. Mi mujer le pidió si yo podía orar por el bebé, ella estuvo de acuerdo aunque escépticamente. Así que en mi mediocre francés, oré por el bebé y hablé en la fe sobre el niño, que ella "dormiría como un bebé". Y así lo hizo.

Bendiciendo nuestra mente
Yo digo con frecuencia:

Bendigo a mi mente; Tengo la mente de Cristo. Por lo tanto tengo Sus pensamientos. Que mi

> *mente sea un lugar sagrado donde el Espíritu Santo se complace habitar. Que reciba palabras de conocimiento, sabiduría y revelación.*

De vez en cuando, lucho con la pureza de mis pensamientos y me parece que esto ayuda. Bendigo también a mi imaginación, que sea usada para el bien y no para mal. Hace unos días tenía algunas dificultades con mi imaginación, que estaba vagando en todo tipo de lugares en los que yo no quería que fuera – y Dios puso en mí, *"Ve en tu imaginación a Jesús haciendo milagros… luego mírate a ti mismo haciéndolos"*. He encontrado que es mucho más efectivo pensar en algo bueno (Filipenses 4:8) que en lugar de preocuparse sobre no pensar en algo malo. Y bendiciendo tu propia mente e imaginación ayuda mucho en el logro de la meta de la santidad.

Una vez, cuando me sentía triste por un error en mi "vida de pensamiento", las palabras de un antiguo himno brotó en mi corazón:

> *Sé tú mi visión, oh Señor de mi corazón*
> *Nada puede ser el todo para mí salvo tú,*

Tú mi mejor pensamiento de día y de noche
Despierto o dormido, Tu presencia es mi luz.

Bendiciendo nuestros cuerpos

¿Estás familiarizado con el verso: *"El corazón alegre es una buena medicina"* (Proverbios 17:22)? La Biblia está diciendo que nuestros cuerpos responden a las palabras y pensamientos positivos:

> *Bendigo a mi cuerpo. Hoy destruyo y saco fuera de mí la enfermedad. Bendigo a mi bienestar físico.*

Una vez vi un video de un hombre que tenía un grave problema cardíaco. Su *bypass* se bloqueó. Él bendijo sus arterias durante unos tres meses, declarando que fueron hechas con cuidado y maravillosamente. En su próxima visita al doctor, se descubrió que milagrosamente tenía un nuevo *bypass*!

Pensé, podría probar esto con mi piel. En mi juventud, tuve un problema causado por el sol. Ahora, en mi vejez, pequeños lunares de carne estaban saliendo en mis hombros y espalda, que debían ser congelados cada ciertos meses. Entonces decidí bendecir a mi piel. Al principio sólo bendije en el nombre de Jesús. Pero luego leí algo sobre la naturaleza de la piel que cambió mi perspectiva. Me di cuenta de que a pesar de que estaba cubierto con ella, no sabía mucho sobre el órgano más grande en mi cuerpo. Yo había hablado acerca de mi piel, pero nunca había hablado con ella. Y dudo que yo hubiera dicho algo agradable, sólo quejas. Era un mal agradecido.

Pero la piel es increíble. Es un sistema de aire acondicionado y de saneamiento. Que protege el cuerpo de la invasión de gérmenes y se cura a sí misma. Cubre y protege todas nuestras partes internas y lo hace tan hermosamente.

Gracias Señor por la piel – arrugas y todo. ¡Te bendigo piel!

Después de varios meses de este tipo de bendición, ahora mi piel está casi sana, pero la clave fue cuando comencé a apreciar y a ser agradecido por ella. Está hecha con tanto cuidado y tan maravillosamente.

De hecho es una gran lección. Las quejas repelen el Reino de Dios; el agradecimiento lo atrae.

Este es un testimonio de mi amigo, David Goodman:

Hace unos meses escuché a Richard predicar sobre el tema de la bendición – un tema algo inofensivo, pero que resonó en mi corazón debido al ángulo que Richard tomó. El punto fue que bendecir no es algo que tengamos que pedir a Dios, sino que como cristianos tenemos la autoridad, si no la responsabilidad, para rescatar a este mundo caído y, como embajadores de Cristo, tener un impacto en la vida de otras personas para el Reino de Dios. Podemos salir y bendecir sus vidas, revelando a Cristo a ellos al mismo tiempo. La idea está bien cuando uno está considerando otros, pero cuando tuve que considerar bendecirme, esta idea encontró un muro para mí. No podía sacarme de encima la idea de que no era digno, que estaba siendo egoísta, que estaba tomando a Dios por sentado. Mi visión cambió cuando vi que nosotros, como cristianos somos una nueva creación, nacidos de nuevo y creados para un propósito que Dios ha planeado para nosotros. Siendo eso así, el cuerpo que tenemos ahora es uno que debemos atesorar y cuidar. Después de todo ahora somos un templo para la morada del Espíritu Santo.

Dicho esto, empecé un breve experimento. Cada día me despertaba, me bendecía una parte del cuerpo, daba gracias y la felicitaba por su rol y buen trabajo.

Felicitaba mis dedos por su destreza, por las habilidades que tienen en hacer todas las tareas que les pido y mucho más. Elogiaba y daba gracias por mis piernas por el trabajo incansable de transporte y velocidad, por su capacidad para trabajar al unísono. Felicité a mi cuerpo por trabajar tan bien juntos en forma coordinada. Algo extraño resultó de esto.

Como me sentí mejor física y mentalmente, me concentré en un dolor que había tenido durante algunos meses en la parte inferior del brazo, un dolor que parecía estar en el hueso y que para aliviarlo, al menos parcialmente debía hacer friegas regularmente. Me concentré en esta área, elogiando mi cuerpo por sus habilidades de sanación, por su tenacidad para superar las cosas que lanzan contra él, por el apoyo que otras partes del cuerpo dan mientras que las reparaciones estaban siendo hechas. Fue sólo alrededor de tres semanas más tarde que desperté una mañana y me di cuenta de que ya no sentía ningún dolor en el brazo; que el dolor había desaparecido por completo y no ha regresado hasta ahora.

Llegue a la conclusión de que mientras hay un tiempo y un lugar para que el don de la sanación sea ejecutado a través de la fe en beneficio de otros, hay también otra vía abierta para nosotros como individuos para usar el don de sanación en nosotros mismos. Es una lección de humildad, en la cual podemos confiar en lo que Dios ha dado a nuestros nuevos cuerpos, que podemos avanzar con confianza, en una nueva manera de vivir llenos de vida.

Bendecir tu hogar, matrimonio e hijos

Tú casa – Bendición típica para tu casa

Es una buena idea bendecir tu casa y renovar esta bendición al menos una vez al año. Bendecir el lugar donde vives simplemente involucra el uso de tu autoridad espiritual en Cristo Jesús para dedicar y consagrar ese lugar para el Señor. Se invita al Espíritu Santo a venir, obligando a todo lo que no sea de Dios a irse.

Una casa no es solo ladrillos y cemento, tiene personalidad también. Así como tú tienes acceso legal a tu casa ahora, otra persona tuvo acceso legal a la misma, o a tu propiedad en el pasado. Cosas pudieron haber ocurrido en ese lugar atrayendo bendiciones o maldiciones. No importa lo que pasó, es tu autoridad la que determina cómo será la atmósfera espiritual de ahora en adelante. Si hay actividad demoníaca todavía de los dueños anteriores, tú probablemente podrás sentirla y dependerá de ti para conducir estas fuerzas fuera de tu casa.

Obviamente, debes considerar además que posiblemente, en forma inconsciente hayas dado acceso a que fuerzas demoníacas entren en tu casa. ¿Tienes pinturas impías, artefactos, libros, música o DVDs? ¿Qué programas de televisión permites en tu casa? ¿Hay pecado en tu casa?

Por ejemplo, esta simple bendición podrías hacerla mientras caminas a través de tu casa, habitación por habitación:

Bendigo a esta casa, nuestro hogar. Declaro que esta casa pertenece a Dios, la consagro a Dios y la pongo bajo el señorío de Jesucristo. Esta es una casa de bendición.

Rompo toda maldición en esta casa con la sangre de Jesús. Tomo autoridad sobre todos y cada demonio en nombre de Jesús y les ordeno salir y nunca volver. Yo echo fuera todo espíritu de luchas, división y discordia. Yo echo fuera el espíritu de pobreza.

Ven Espíritu Santo y echa todo lo que no es de ti. Llena esta casa con tu presencia.

> *Deja que tus frutos vengan: amor, regocijo, paz, bondad, paciencia, bienestar, benignidad, fidelidad y auto control. Bendigo a esta casa con desbordante paz y abundante amor. Que todos los que vengan aquí perciban Tu presencia y sean bendecidos. En el nombre de Jesús, amén.*

He caminado alrededor del límite de mi propiedad, bendiciendo y aplicando espiritualmente la sangre de Jesucristo para la protección de la propiedad, y a la gente dentro de ella, de todo mal y de desastres naturales.

Tu matrimonio

> *Existe el tipo de matrimonio que bendecimos o el tipo de matrimonio que maldecimos.*

Cuando leí por primera vez esta afirmación en el libro de Kerry Kirkwood llamado *The Power of Blessing* (El Poder de la Bendición), me sorprendí. ¿Es esto cierto?

Le di muchas vueltas en mi mente, yo creo que estas las palabras son en gran parte ciertas. Cualquier tipo de infelicidad en nuestro matrimonio o con nuestros hijos es debido a que nosotros no los bendecimos.

Al bendecir, recibimos la bondad intencionada de Dios hacia nosotros en toda medida, incluyendo larga vida y relaciones sanas. Llegamos a ser partícipes o socios, con lo que o a quien estamos bendiciendo.

Cuidado con las maldiciones. Los esposos y las esposas se conocen tan bien, incluso sus puntos débiles. ¿Dices o te han dicho algo como esto?: "Nunca escuchas", "Nunca te acuerdas de nada", "Nunca cocinas", "Eres inútil para…" Si dices a menudo este tipo de palabras se convierten en maldiciones y se hacen realidad.

No maldigas sino que bendice. Recuerda que si maldices (hablar palabras de muerte) no vas a recibir la bendición que Dios quiere para ti. Peor aún, maldecir nos afecta más a nosotros que a quien estamos maldiciendo. Podría ser esta una razón por la cual tus oraciones no han sido contestadas?

Aprender a bendecir puede ser como aprender un nuevo idioma – incómodo al principio. Por ejemplo,

> *Nicole, te bendigo en el nombre del Padre, el Hijo y el Espíritu Santo. Libero a toda la bondad de Dios sobre ti. Que las intenciones de Dios para tu vida se realicen.*
>
> *Bendigo tu don de recibir y amar a la gente, tu don de hospitalidad. Bendigo tu don de hacer sentir cómoda a la gente. Declaro que eres una de las anfitrionas de Dios, que recibe a la gente como Él lo haría. Yo te bendigo con energía para seguir haciendo esto incluso en tus últimos años. Yo te bendigo con salud y larga vida. Yo te bendigo con el aceite del gozo.*

Tus niños

Hay muchas formas de bendecir a un niño. Así es como yo bendigo a mi nieta, que tiene cuatro años de edad:

> *Ashley, bendigo tu vida. Que te conviertas en una maravillosa mujer de Dios. Bendigo tu mente para que permanezca sana y para que puedas tener la sabiduría y el discernimiento en todas tus decisiones. Bendigo tu cuerpo para*

que este sano y fuerte, y permanezca puro hasta el matrimonio. Bendigo tus manos y pies para que hagas la obra que Dios ha planeado para ti. Yo bendigo tu boca para que digas palabras de verdad y apoyo. Bendigo tu corazón para sea fiel al Señor. Bendigo a tu futuro marido y las vidas de tus futuros hijos con abundancia y unidad. Amo todo tu ser Ashley, y estoy orgulloso de ser tu Tata.

Por supuesto, cuando un niño está luchando o tiene dificultades en una cierta área, podemos bendecirlo adecuadamente. Si les resulta difícil aprender en la escuela, podemos bendecir a sus mentes para que recuerden las lecciones y entiendan los conceptos detrás de la enseñanza; si están siendo intimidados, podemos bendecirlos para que crezcan en sabiduría, carácter y en aprobación de Dios y otros niños; y así con otros temas.

Recuerdo haber hablado con una maravillosa mujer de Dios acerca de su nieto. Todo lo que dijo de él se centró en sus defectos, en su actitud rebelde, y de los problemas de comportamiento que estaba teniendo en la escuela. Incluso lo habían mandado a un campamento especial para enderezar a chicos como él y lo mandaron de vuelta a casa por desordenado.

Después de escuchar por un tiempo, le indiqué a la mujer que estaba maldiciendo sin darse cuenta a su nieto a través de la forma en que ella estaba hablando de él, y que le estaba aprisionando con sus palabras. Entonces paró de hablar negativamente, y en su lugar intencionalmente le bendijo. Su marido, el abuelo del niño hizo lo mismo. En cuestión de días, el niño había cambiado por completo, volviendo al campamento en forma exitosa. Esto fue una rápida respuesta al impresionante poder de la bendición.

Una de las cosas más maravillosas que un padre puede dar a sus hijos es una bendición de padre. Aprendí acerca de esto del libro *The Father's Blessing* (La Bendición del Padre) escrito por Frank Hammond, el cual es un libro maravilloso. Sin una bendición del padre siempre hay una sensación de que falta algo, se crea un vacío que nada más puede llenar. Padres, impongan sus manos sobre sus hijos y otros miembros de la familia, (Por ejemplo, coloque su mano sobre la cabeza o los hombros) y bendícelos a menudo. Descubre las cosas buenas que Dios hará por ambos.

Dondequiera que comparto este mensaje, les pregunto a las mujeres y hombres adultos "¿A Cuántas personas de aquí su padre les ha impuesto sus manos para bendecirlos?" Muy pocos levantan sus manos. Entonces vuelvo a preguntar pero al revés: "¿A Cuántas personas aquí nunca su padre les impuso sus manos para bendecirlos?" Casi todo el mundo levanta la mano.

Después les pregunto si ellos me permitirían ser un padre espiritual para ellos en ese momento, un sustituto, de manera que yo pueda, en el poder del Espíritu Santo, bendecirlos con la bendición que nunca tuvieron. La respuesta ha sido estremecedora: lágrimas, liberación, alegría, sanación. ¡Simplemente asombroso!

Si usted anhela la bendición de un padre, como yo lo hacía, entonces diga lo siguiente en voz alta sobre sí mismo. Es una bendición que he adaptado del libro de Frank Hammond.

Una bendición de padre

Hijo mío, ¡te amo! Eres especial. Eres un regalo de Dios. Doy gracias a Dios por permitirme ser un padre para ti. Estoy orgulloso de ti y me regocijo por ti. Ahora te bendigo.

Te bendigo con la sanación de las heridas de tu corazón – heridas de rechazo, abandono y abuso que tu hayas sufrido. En el nombre de Jesús, rompo el poder de todas las palabras crueles e injustas pronunciadas sobre ti.

Yo te bendigo con paz desbordante, la paz que sólo el Príncipe de la Paz puede dar.

Bendigo tu vida con fecundidad: que tu fruto sea bueno, abundante y que permanezca.

Yo te bendigo con éxito. Tú eres la cabeza y no la cola; estás por encima y no por debajo.

Bendigo los dones que Dios te ha dado. Te bendigo con sabiduría para tomar buenas deci-

siones y para desarrollar todo tu potencial en Cristo.

Te bendigo con desbordante prosperidad, permitiéndote ser una bendición para otros.

Te bendigo con influencia espiritual, porque eres la luz del mundo y sal de la tierra.

Te bendigo con profundidad de entendimiento espiritual y un cercano caminar con el Señor. No tropezarás o caerás ya que la Palabra de Dios será una lámpara a tus pies y una luz para tu camino.

Te bendigo para que veas a las mujeres / hombres como Jesús lo hizo y lo hace.

Te bendigo para que veas, saques y celebres el oro en las personas y no a la escoria.

Te bendigo para que liberes a Dios en tu lugar de trabajo, no sólo para ser testimonio, o modelar un buen carácter, sino también para glorificar a Dios con la excelencia y la creatividad de tu labor.

Te bendigo con buenos amigos. Tú tienes favor con Dios y con los hombres.

Yo te bendigo con abundante y desbordante amor, del cual ministrarás la gracia de Dios a otros. Tú ministrarás la gracia confortadora de Dios. ¡Tú estas bendecido, hijo mío Estás bendecido con todas las bendiciones espirituales en Jesucristo. Amén!

Testimonios del valor de la bendición de padre

La bendición del padre me cambió. Desde que nací nunca había escuchado una prédica con un mensaje como este. Nunca tuve un padre biológico que me hablara de la vida hasta ahora. Dios te ha utilizado, Richard, para llevarme a un punto en donde necesitaba orar y que un padre espiritual declarara la Bendición de Padre en mi vida. Cuando liberaste la bendición de-padre a-hijo, mi corazón se sintió confortado y ahora estoy feliz y bendecido. – Pastor Wycliffe Alumasa, Kenia

Ha sido un camino largo y difícil el navegar a través de la depresión; una batalla disputada en muchos frentes: mente, espíritu, cuerpo. Curar mi pasado terminó siendo clave y nada fue un paso más importante que perdonar a mi padre. No sólo por las cosas hirientes que había hecho en el pasado sino más que nada por las cosas que no lo había hecho, sus omisiones. Mi padre nunca dijo que me amaba, él tenía un bloqueo emocional. Él no pudo encontrar palabras de amor, de cuidado y emocionales para decirme, a pesar del deseo en mi alma por escucharlas.

A pesar de que a través del perdón y el camino de sanación interna, mi depresión se había superado, aún llevaba algunos síntomas físicos, el mayor siendo el síndrome del colon irritable. El doctor me había prescrito medicamentos y una dieta que poco funcionaba, que servían más para controlar los síntomas pero que no curaban la enfermedad en sí.

Un amigo, Richard, había estado contándome historias sobre la Bendición del Padre, y las respuestas que la gente tenía. Algo en mi espíritu se aferró a la idea. Me di cuenta de que a pesar que yo había perdonado a mi padre por el vacío que dejó, no había llenado ese vació o satisfecho el deseo de mi alma.

Y así sucedió. Una mañana nos juntamos en un café a desayunar, Richard se puso en los zapatos que mi padre no pudo llenar y me bendijo como a un hijo. El Espíritu Santo cayó sobre mí y se quedó conmigo todo el día. Fue una experiencia hermosa, y esa parte de mi alma que había estado suplicando estaba ahora en paz.

Un resultado inesperado fue que los síntomas del síndrome de colon irritable desaparecieron completamente. No tomé más remedios ni seguí más la dieta del doctor. Cuando mi alma recibió lo que había estado anhelando, mi cuerpo se curó también. – Ryan

Bendecir a otros a través de la profecía

Aunque he dado ejemplos para ayudarte a comenzar, es bueno pedir al Espíritu Santo que te ayude ser como la boca de Dios, declarando y liberando la intención específica de Dios o una "palabra a tiempo" (la palabra correcta en el momento adecuado). Si la situación lo permite, activa tu espíritu con la oración en lenguas o adoración.

Puedes comenzar mediante el uso de los diversos modelos anteriores, pero confía en que el Espíritu Santo le dirigirá, escucha su latido. Tendrás un comienzo vacilante, pero pronto cogerás el corazón del Señor.

Bendiciendo tu lugar de trabajo

Te recomiendo volver a la Parte 1 y adaptar el ejemplo que menciono, basado en mi propia experiencia, y aplícalo a tus circunstancias. Se abierto a lo que Dios te muestra, Él puede ajustar tu perspectiva. La bendición no es un tipo de hechizo. Por ejemplo, Dios no va a hacer que la gente compre lo que no necesita o desea. Tampoco Dios bendecirá a la pereza y la a falta de honradez. Pero si cumples con sus condiciones, entonces podrás bendecir tu negocio – que Dios te ayude a manejarlo desde donde está hasta donde Él quiere que esté. Escucha su consejo o el consejo de la gente Él te envíe. Sé abierto, pero también espera su favor, porque Él te ama y quiere que tengas éxito.

He recibido el siguiente testimonio de Ben Fox:

Mi trabajo en particular es en el sector inmobiliario el cual ha sufrido cambios en los últimos años los que han llevado a mi negocio cuesta abajo. Acudí a varias personas para que oraran por mi negocio porque el volumen estaba disminuyendo hasta el punto que estaba preocupado y ansioso.

Casi al mismo tiempo, a principios del 2015, escuché al Sr. Brunton predicar una serie de mensajes sobre la bendición en el puesto de trabajo, los negocios, la familia y otras áreas. Hasta ese momento, el foco de mis oraciones había sido pedir a Dios ayuda en esas áreas. La idea de nosotros mismos bendecir nunca se me había enseñado, pero ahora puedo ver que está escrito en la Biblia, y sé que Dios nos llama y nos da la autoridad para hacerlo en el nombre de Jesús. Así que empecé a bendecir mi trabajo. Hablé la palabra de Dios sobre él y di las gracias a Dios por ello. Persistí en bendecir mi trabajo cada mañana y también dar gracias a Dios por nuevas ventas, pidiéndole que me enviara nuevos clientes a los cuales pudiera ayudar.

Durante los próximos doce meses, el volumen de mi trabajo aumentó y desde entonces de manera significativa, incluso a veces he estado en apuros para manejar la cantidad de trabajo que ha llegado. He aprendido que hay una manera de incluir a Dios en nuestra vocación diaria y bendecir nuestro trabajo es parte de lo que Dios nos llama a hacer. Por lo tanto, le doy a Dios todo el crédito. También empecé a invitar al Espíritu Santo en mi día de trabajo, pidiendo sabiduría y creatividad. En particular, me he dado cuenta de que cuando pido al Espíritu Santo que me ayude con la eficiencia de mi trabajo, por lo general termino mucho antes de lo esperado.

Me parece que la enseñanza de la bendición, y de cómo hacerlo, ha sido olvidada por muchas iglesias, dado que al hablar con otros cristianos ellos no lo saben. Bendecir mi trabajo se ha convertido en un hábito diario tanto como bendecir a otros. También espero con expectación ver el fruto en las personas y las situaciones que bendigo, cuando está en concordancia con la Palabra de Dios y en el nombre de Jesús.

Bendición de una comunidad

Aquí estoy pensado en una iglesia u otra organización similar, bendiciendo la comunidad en la que opera.

Gente de .... (Comunidad), les bendecimos que en el nombre de Jesús para conocer a Dios, para conocer Sus propósitos en sus vidas, y para conocer Sus bendiciones sobre cada uno de ustedes, sus familias y todas las situaciones de sus vidas.

Bendecimos a todos los hogares de .... (Comunidad). Bendecimos a cada matrimonio y bendecimos las relaciones entre los miembros de la familia de diferentes generaciones.

Bendecimos a su salud y su riqueza.

Bendecimos el trabajo de sus manos. Bendecimos cada empresa que aporta a la comunidad en la que ustedes estén involucrados. Que prosperen.

Bendecimos a los alumnos en sus escuelas; los bendecimos para que aprendan y comprendan lo que se les enseña.

Que puedan crecer en sabiduría y en altura y en favor ante Dios y los hombres. Bendecimos a los maestros y rogamos que la escuela sea un lugar seguro y saludable, donde el creer en Dios y en Jesús sea enseñado cómodamente.

Hablamos a los corazones de todas las personas que se encuentran en esta comunidad. Los bendecimos para que se dejen conquistar por el Espíritu Santo y sean más y más sensibles a la voz de Dios. Los bendecimos con el desborda-

miento de la Reino de los Cielos que vivimos aquí en .... (Iglesia).

Obviamente este tipo de bendición debe ser personalizado para el tipo particular de comunidad. Si se trata de una comunidad agrícola, usted podría bendecir la tierra y a los animales; si se trata de una comunidad donde el desempleo es común, entonces bendecir a las empresas locales para crear puestos de trabajo. Escoger la bendición según la necesidad. No se preocupe por si lo merecen o no. La gente va a sentir en sus corazones de donde ha venido la bendición.

Bendiciendo la tierra

En Génesis, vemos a Dios bendiciendo a la humanidad, dándoles dominio sobre la tierra y todos los seres vivos, y ordenándoles que sean fructíferos y que se multipliquen. Este fue un aspecto de la gloria original de la humanidad.

Cuando estaba en Kenia hace poco, me encontré con un misionero que recogía niños de la calle y les enseñaba agricultura. Me contó la historia de una comunidad musulmana que afirmaba que su tierra estaba maldita, porque nada crecería en ella. Mi amigo y su comunidad cristiana bendijeron la tierra y se hizo fértil. Esta fue una demostración dramática del poder de Dios liberado por la bendición.

Mientras estaba en este país, además visité al orfanato que nuestra Iglesia apadrina, bendije su huerta y su jardín, sus aves y su ganado. (He bendecido mis propios árboles frutales con grandes resultados.)

Geoff Wiklund cita una historia de una iglesia en Filipinas, él bendijo la tierra de la iglesia en el medio de una gran sequía. Esa tierra fue el único lugar que recibió lluvia. Agricultores vecinos llegaron para recoger agua para sus cultivos de arroz que rodeaban a la iglesia. Este es otro milagro en la que el favor de Dios fue liberado a través de la bendición.

Bendiciendo al Señor
A pesar de que he dejado este punto para el final, en realidad debe venir primero. La razón por que

lo pongo aquí es porque no parece encajar en el modelo de "hablar la intención o favor de Dios sobre alguien o algo". Más bien, es la idea de "hacer feliz".

¿Cómo podemos bendecir a Dios? Una forma de hacerlo se muestra en el Salmo 103:

> *Bendice, oh alma mía, al Señor ... y no olvides ninguno de sus beneficios...*

¿Cuáles son los beneficios del Señor con nuestras almas? Él perdona, cura, redime, corona, satisface, renueva...

Hice una práctica el recordar y agradecer a Dios cada día por lo que Él hace en mí y a través de mí. Recuerdo y agradezco todo lo que Él es para mí. Esto lo bendice a Él ¡y a mí también! ¿Cómo te sientes cuando un niño o te da las gracias o te aprecia por algo que has hecho o dicho? Se enternece el corazón y desearías hacer más por él.

Una palabra final de un lector

Es difícil explicar cómo bendiciendo se ha transformado mi vida. En mi breve experiencia hasta el momento, nadie ha rechazado una bendición cuando la he ofrecido – incluso tuve la oportunidad de bendecir a un hombre musulmán. Ofrecer decir una bendición sobre la vida de una persona abre una puerta ... es la forma más sencilla y menos amenazante para traer el Reino de Dios a una situación o a la vida de una persona. Para mí, ser capaz de hacer una bendición ha añadido una herramienta muy especial para mi "maletín de herramienta espiritual"... es como que una parte de mi vida había estado extraviada y que ahora ha vuelto a su lugar... – Sandi

APLICACIONES

- Piensa en alguien que te ha herido – perdona si es necesario, pero después ve más allá y bendícele.

- Considera las cosas que regularmente dices con las que maldices a otros o a ti mismo. ¿Qué vas a hacer al respecto?

- Escribe una bendición para ti, su cónyuge y tus hijos.

- Júntate con otra persona y ábrete a profetizar sobre ellos. Pide a Dios por la revelación de algo específico y alentador para esa persona. Comienza hablando en términos generales, por ejemplo, "Te bendigo en el nombre de Jesús. Que los planes y propósitos de Dios para tu vida puedan cumplirse…" y espera, se paciente. Recuerda que tienes la mente de Cristo. Luego cambia con la otra persona para que proféticamente te bendiga.

- En tu iglesia, elabora una bendición grupal para alcanzar y sanar tu región, o bendice la misión que ya tienes.

CÓMO CONVERTIRSE EN CRISTIANO

Este pequeño libro fue escrito para los cristianos. Por "cristianos", no me refiero sólo a personas que llevan una vida piadosa, me refiero a las personas que han "nacido de nuevo" por el Espíritu de Dios y que aman y siguen a Jesucristo.

El hombre está hecho en tres partes: espíritu, alma y cuerpo. El espíritu fue diseñado para conocer y para estar en comunión con un Dios santo, quien es Espíritu. Los seres humanos fuimos hechos para intimar con Dios, espíritu a Espíritu. Sin embargo, el pecado humano nos separa de Dios, lo que termina en la muerte de nuestro espíritu y la pérdida de la comunión con Dios.

En consecuencia, la gente tiende a actuar solamente con sus almas y cuerpos. El alma comprende el intelecto, la voluntad y las emociones. El resultado de esto es más que evidente en el mundo: egoísmo, orgullo, codicia, hambre, guerras, y la falta de verdadera paz y significado.

Pero Dios tenía un plan para redimir a la humanidad. Dios el Padre envió a su Hijo, Jesús, que también es Dios, a venir a la tierra como un hombre para mostrarnos cómo era Dios – *"si me has visto has visto al Padre"*, y cargar con las consecuencias de nuestro pecado. Su horrible muerte en la cruz fue planeada desde el principio y fue predicho en detalle en el Antiguo Testamento. Él pagó el precio por el pecado de la humanidad. La justicia divina fue satisfecha.

Pero entonces Dios levantó a Jesús de entre los muertos. Jesús promete que los que creen en Él también serán levantados de entre los muertos para vivir la eternidad con Él. Él nos da Su Espíritu ahora, como una garantía de Su promesa, lo que nos permite conocerlo y caminar con Él por el resto de nuestra vida terrenal.

Esta es la esencia del Evangelio de Jesucristo. Si usted reconoce y confiesa su pecado, si tú crees que Jesús tomó tu castigo consigo mismo en la cruz y que fue levantado de los muertos, entonces Su justicia te será atribuida. Dios enviará su Espíritu Santo para regenerar tu espíritu humano – esto es lo que significa nacer de nuevo – y tú serás capaz de empezar a conocer y estar en comunión íntima con Dios ¡esta es la razón por la cual fuiste creado en primer lugar! Cuando tu cuerpo físico muere, Cristo te levantará y te dará uno glorioso e incorruptible. ¡Wau!

Mientras sigas en esta tierra, el Espíritu Santo (quien también es Dios) trabajará *en* ti (para limpiarte y hacer tu carácter más como el de Jesús), y *a través* tuyo (para ser una bendición para otros).

Aquellos que optan por no recibir lo que Jesús pagó, irán a juicio con todas sus consecuencias. Tú No quieres eso.

Aquí hay una oración que puedes orar. Si oras sinceramente vas a nacer de nuevo.

Querido Dios en el cielo, vengo a ti en el nombre de Jesús. Reconozco ante Ti que soy un peca-

dor. (Confiesa todos tus pecados conocidos) Verdaderamente me arrepiento de mis pecados y del estilo de vida que llevaba sin Ti. Necesito tu perdón.

Creo que Tu único Hijo, Jesucristo, derramó Su preciosa sangre en la cruz y que murió por mis pecados, y ahora estoy dispuesto a dejar atrás mi pecado.

Está escrito en la Biblia (Romanos 10:9) que si declaramos que Jesús es el Señor y creemos en nuestros corazones que Dios resucitó a Jesús de entre los muertos, seremos salvo.

En este momento me confieso que Jesús es el Señor de mi alma. Creo que Dios resucitó a Jesús de entre los muertos. En este mismo momento acepto a Jesucristo como mi Salvador personal y, acorde a su palabra, en este momento yo soy salvo. Gracias, Señor, por amarme tanto que estabas dispuesto a morir en mi lugar. Eres maravilloso, Jesús, y te amo.

Ahora te pido que me ayudes por Tu Espíritu, para que sea la persona que planeaste para mí antes del comienzo de los tiempos. Guíame a otros creyentes y a una iglesia de tu elección en la cual pueda crecer en Ti. En el nombre de Jesús, amén.

Gracias por leer este librito. Me encantaría recibir testimonios de cómo bendiciendo se ha transformado tu vida, o las vidas de aquellos que tú has bendecido.
Contáctame vía:

richard.brunton134@gmail.com

www.ingramcontent.com/pod-product-compliance
Lightning Source LLC
Chambersburg PA
CBHW051408290426
44108CB00015B/2200